BEI GRIN MACHT SICH IHR WISSEN BEZAHLT

AF167049

- Wir veröffentlichen Ihre Hausarbeit,
  Bachelor- und Masterarbeit

- Ihr eigenes eBook und Buch -
  weltweit in allen wichtigen Shops

- Verdienen Sie an jedem Verkauf

Jetzt bei www.GRIN.com hochladen und kostenlos publizieren

Unternehmenskultur und Wirtschaftsethik. Der Stakeholder-Ansatz und die Vereinbarkeit mit dem Utilitarismus

Lisa Ewerling

Bibliografische Information der Deutschen Nationalbibliothek:

Die Deutsche Nationalbibliothek verzeichnet diese Publikation in der Deutschen Nationalbibliografie; detaillierte bibliografische Daten sind im Internet über http://dnb.d-nb.de abrufbar.

ISBN: 9783346300348
Dieses Buch ist auch als E-Book erhältlich.

© GRIN Publishing GmbH
Nymphenburger Straße 86
80636 München

Druck und Bindung: Books on Demand GmbH, Norderstedt Germany
Gedruckt auf säurefreiem Papier aus verantwortungsvollen Quellen

Das vorliegende Werk wurde sorgfältig erarbeitet. Dennoch übernehmen Autoren und Verlag für die Richtigkeit von Angaben, Hinweisen, Links und Ratschlägen sowie eventuelle Druckfehler keine Haftung.

Das Buch bei GRIN: https://www.grin.com/document/957962

Sonderprüfung: Einsendeaufgabe

Alternative C

Abgegeben am 10.08.2020

Modulverantwortlicher Hochschullehrerin: Frauke Remmers

SRH Fernhochschule

Modul: Unternehmenskultur und Wirtschaftsethik

Studiengang: Wirtschaftspsychologie

Von

Lisa Ewerling

Studiengang: Wirtschaftspsychologie

Inhaltsverzeichnis

1. Der Stakeholder-Ansatz

1.1. Die Begriffserklärung

Zu Beginn werden die wichtigsten Stakeholder in einer Abbildung dargestellt:

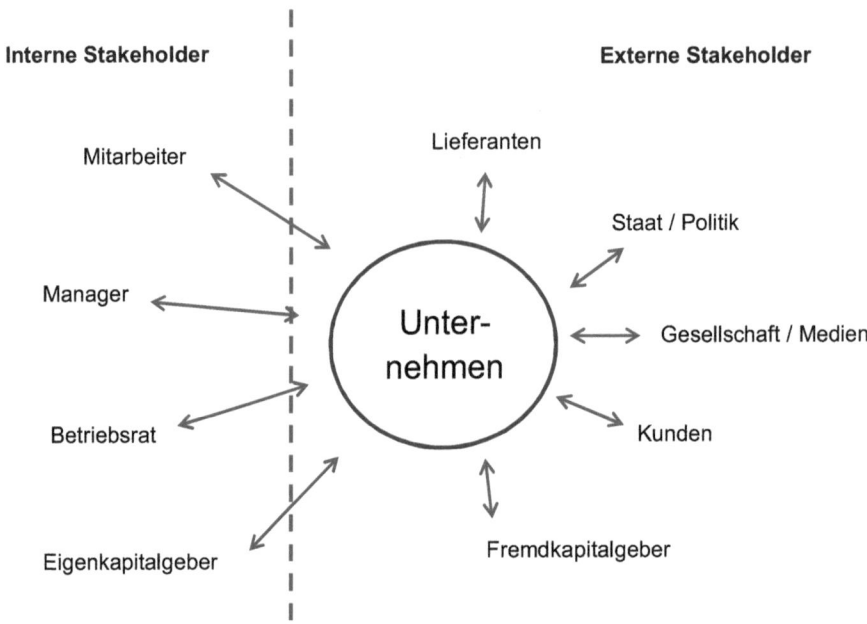

Abbildung 1: Stakeholder-Überblick
(Quelle: Eigene Darstellung nach Arenberg/Bauer, 2018, S. 21-31)

Unter dem Begriff Stakeholder versteht man die Arbeitnehmer und Lieferanten, etc. eines Unternehmens. Diese sollen ihre eigenen Wünsche und Absichten erarbeiten und für den Unternehmenserfolg beisteuern dürfen. Dies soll die Pflicht eines jeden Unternehmens sein, nämlich diese Menschen würdevoll zu behandeln. (Arenberg/Bauer, 2018, S. 23-30) Bei kleineren Unternehmen ist es noch möglich, dass sich die Geschäftsführung direkt mit den Stakeholdern in Verbindung setzt und gewisse Dinge verordnet. Dies ist bei größeren Firmen nahezu unmöglich. Demnach müssen die Strukturen in der Führung und der Organisation dementsprechend verändert werden. (Märk/Situm, 2018, S. 145) Zudem sind Unternehmen auf Stakeholder angewiesen, da diese ihre Ressourcen zur Verfügung stellen, wie Zeit, Geld und Aufmerksamkeit. Die Zusammenarbeit basiert auf einer Beziehungsebene, die zuerst aufgebaut und anschließend gepflegt werden muss, da die Stakeholder großen Einfluss auf den Unternehmenserfolg haben und somit auf die Existenz des Unternehmens. Ebenso hat umgekehrt das Handeln der Firma Einfluss auf bestimmte Gruppen. Somit sollte es einen entsprechenden Gegenwert bzw. Mehrwert für Personengruppen, die notwendig für das Unternehmen sind, geben. Es bestehen quasi immer Austauschbeziehungen mit Kunden, Investoren, Mitarbeitern, Lieferanten, etc. (Bittner-Fesseler/Häfelinger, 2018, S. 69-70)

1.2. Die Ansätze der Pflichtethik

Laut dem deutschen Philosophen Immanuel Kant (1724-1804) soll der Mensch so handeln, wie er es sich von anderen für sich selbst wünscht. Demnach soll er moralisch korrekt handeln und das Gute vom Bösen unterscheiden können. Zudem ist er der Meinung, dass jeder Mensch den Willen besitzt, dass er die richtige Moral erkennen kann, indem er seine Vernunft benutzt. (Arenberg/Bauer, 2018, S. 23-24) Seine Philosophie hat starke Konzentration auf den kategorischen Imperativ, mit folgendem Prinzip: „Handle nur nach derjenigen Maxime, durch die du zugleich wollen kannst, dass sie ein allgemeines Gesetz werde." (Kant/Weischedel, 2014, zitiert nach Arenberg/Bauer, 2018, S. 24) Demnach kann der Mensch auch als Mittel gebraucht werden, jedoch darf sein Zweck nie außer Acht gelassen werden. Somit darf er nicht nur als Instrument angesehen werden. Man soll ihn als autonomen und rationalen Akteur behandeln. (Arenberg/Bauer, 2018, S. 24)

1.3. Die Vereinbarkeit der Pflichtethik mit dem Stakeholder-Ansatz

Folgend wird dargestellt, inwiefern sich die Ansätze der Pflichtethik mit der Stakeholder-Theorie vereinbaren lassen. Nach Kant soll der Mensch moralisch korrekt handeln. Folglich sind alle Menschen gemeint, nicht nur der Stakeholder, sondern auch die Unternehmensführung. Die Stakeholder werden würdevoll behandelt, wenn diese mindestens einen Gegenwert erhalten, für das was sie für das Unternehmen beitragen. Je nach Fall sollten diese sogar einen Mehrwert erhalten, um ihnen zu zeigen, dass das Unternehmen ohne sie nicht so existieren würde, wie es das tut. Dieser Ansatz aus der Pflichtethik lässt sich sehr gut mit der Theorie vereinen, dass die Stakeholder für ihre Taten geschätzt werden und auf gleicher Ebene behandelt werden, wie sich die Geschäftsführung untereinander behandelt. Auch vertritt Kant die Aussage, dass jeder Mensch seinen Willen einsetzen kann, um vernünftig zu handeln. Demnach besitzt jeder Stakeholder seine eigene Vernunft, um sinnvolle Beiträge leisten zu können und seine Wünsche, Anregungen und Ideen mit in das Unternehmen zu tragen. Diese sollten dann auch respektiert und nicht ignoriert werden. Dies ist auch im Sinne der Stakeholder-Theorie. Der Mensch ist im Stande, Böses vom Guten zu unterscheiden und mit guten Ideen positiv den Erfolg des Unternehmens zu beeinflussen. Zudem ist es ja auch im Sinne des Stakeholders, nichts Böses für das Unternehmen zu wollen, da auch er von guten Erfolgen profitiert, indem er dann einen Gegenwert erlangt. Auch darf der Stakeholder kein Instrument für das Unternehmen sein. Das heißt, er soll, wie bereits erwähnt, ihn als autonomen Akteur behandeln.

Mit Vereinbarung der Pflichtethik bekommen die unterschiedlichen Interessensgruppen automatisch Verpflichtungen, um die Theorien des Ansatzes zu vertreten. Interne Stakeholder, beispielsweise Mitarbeiter, haben die Pflicht, ihre Arbeit, die ihnen aufgetragen wurde, zu verrichten und somit den Erfolg des Unternehmens positiv zu beeinflussen. Im Gegenzug bekommt der Mitarbeiter sein Gehalt für seine getane Arbeit ausgezahlt. Auch wenn es um die Zusammenarbeit von mehreren Mitarbeitern handelt, muss jeder so mit den anderen umgehen, wie er es sich selbst von den anderen Menschen wünschen würde. Demnach muss untereinander auch würdevoll umgegangen werden. Ebenso muss gegenüber Kunden, ein Beispiel für externe Stakeholder, einigen Verpflichtungen nachgekommen werden, um dem Ansatz der Pflichtethik gerecht zu werden. Die Anteilseigene eines bestimmten Unternehmens sollten Kunden als würdevolle Menschen ansehen. Das Geschäft läuft nur gut, wenn es viele oder ausreichend Kunden gibt, die das entsprechende Produkt kaufen. Somit sollten Kunden nicht nur als Mittel zum Zweck angesehen werden, also als Mittel, einen guten Umsatz gemacht zu haben, sondern deren Interessen sollten berücksichtigt werden. Die Aufgabe der Anteilseigenen sollte unter anderem die der Interessensberücksichtigung sein. Nämlich, dass Kunden beispielsweise mittels einer Befragung befragt werden, welche Anregungen sie hätten oder, ob ihnen ein anderes Produkt mehr ansprechen würde. Dies ist in der Praxis natürlich nur schwer umsetzbar, jedoch sollte es tatsächlich auch nicht ganz außer Acht gelassen werden, dass es ohne Kunden keine Existenz des Unternehmens gibt. Ein Beispiel hierfür wäre ein Restaurant. Vor allem in der Zeit der Korona-Krise ist es nur sehr schwer für selbstständige Restauranteigentümer, das Geschäft am Laufen zu halten. Jedoch ist diese Branche ausschließlich auf Restaurantbesucher angewiesen, also auf die Kunden. Mit Kunden muss würdevoll umgegangen werden, andernfalls würden diese sich ein anderes Restaurant suchen, bei diesem es ihnen besser schmeckt. Ebenso waren Restaurants in der Korona-Zeit sehr auf ihren Kundenstamm anwiesen, diese kauften Gutscheine, etc., damit Geld in die Kasse kommt. Demnach sollten die Kunden befragt werden, welche Verbesserungsvorschläge sie hätten, da diese sehr gut vernünftige Entscheidungen treffen können, und zwar positiv für das Geschäft. Ihre Arbeitskraft stellen Lieferanten zur Verfügung, ebenso wie notwendige Ressourcen. Lieferanten sind eine Interessensgruppe auf die Unternehmen angewiesen sind. Auch diese sollten moralisch korrekt nach der Pflichtethik behandelt werden. Wenn nichts mehr geliefert wird, kann nicht produziert werden. Und somit wird nichts verkauft und es wird kein Umsatz gemacht. Wenn Lieferanten beispielsweise Lebensmittel zurückhalten, die für ein Restaurant geliefert werden sollten, kann kein Essen gekocht werden. Ein weiteres Bespiel ist die Automobilindustrie. Die Firma Audi AG ist auf die Lieferanten angewiesen, die ihnen die Einzelteile für die Verarbeitung der Autos bringt. Wenn diese ihre Ressourcen zurückhalten, da sie lieber zukünftig an ein anderes Unternehmen liefern wollen, aufgrund der Unfreundlichkeit etc., muss die Produktion eingestellt werden, bis wieder ein neuer Lieferant gefunden wird. Die Mitarbeiter müssen folglich in Kurzarbeit gehen und dem Unternehmen geht es nicht gut. Auch sind Banken für Anteilseigene eines Unternehmens sehr wichtig, da diese ihnen Kapital zur Verfügung stellen, in Form von Kredite etc.

Zusammenfassend kann man sehr gut erkennen, dass sich die Ansätze der Pflichtethik mit der Stakeholder-Theorie im Interesse aller vereinen lassen. Das heißt, es ist doch schön für alle Beteiligten, wenn man einen höflichen Umgangston pflegt, indem miteinander kommuniziert wird. Demnach wird moralisch korrekt und würdevoll miteinander umgegangen, genauso wie man es von jemand anderem für sich selbst erwarten würde. Interessensgruppen sollten auf jeden Fall, wie eben beschrieben, nicht nur als Instrument angesehen werden, da diese sehr wohl das Gute vom Bösen unterscheiden können und vernünftig die eigene Interessen mit einbringen können.

1.4. Die Grundprinzipien des Utilitarismus

„It is the greatest happiness of the greatest number that is the measure of right and wrong." (Bentham, 1988) – Damit hat der Philosoph Jeremy Bentham (1738-1832) den Menschen vermittelt, dass man im Leben das Leiden minimieren und die Freuden maximieren soll. Demnach soll die Freude von möglichst vielen Menschen maximiert werden. Denn dies und das Leiden beherrschen am allermeisten das Verhalten von Menschen. Somit handelt der Mensch nur dann gut, wenn sich nicht nur das Glück im Durchschnitt erhöht, sondern auch das Glück jedes einzelnen sichtlich verbessert. Dieses Prinzip wurde von John Stuart Mill abgeändert. Dieser meint nämlich, dass es ausreicht, wenn sich die Freude im Durschnitt in einer Gruppe erhöht. Es muss nicht jedes Individuum größtes Glück verspüren. Es wird sogar in Kauf genommen, dass ein oder mehrere Menschen durch diese Handlung Leid verspüren. Es muss also abgewägt werden, damit bei möglichst vielen Menschen einer Gruppe Freude erzeugt wird. (Arenberg/Bauer, 2018, S. 29-30)

1.5. Die Vereinbarkeit des Utilitarismus mit dem Stakeholder-Ansatz

Die Ansätze des Utilitarismus sind weitgehend auch mit der Stakeholder-Theorie vereinbar. Folgend wird dargestellt, inwieweit diese vereinbar sein können. Zuerst ist zu sagen, dass dies nicht verallgemeinert werden kann, da jedes Unternehmen anderes handelt und nicht alle nach dem optimalen Prinzip. Es soll ja das Leiden allgemein minimiert werden und die Freuden maximiert werden. Die Freuden der Stakeholder werden mehr, wenn diese ihre Anregungen mit in das Unternehmen integrieren können. Also, wenn die Interessensgruppen akzeptiert werden und auch deren Anregungen an die Anteilseigenen. Dadurch wird die Summe des Wohlergehens aller Betroffenen maximiert. Auch sollte mit den Stakeholdern auf einer Beziehungsebene gearbeitet werden, nur dann fühlen sie sich würdevoll behandelt. Demnach steigt deren Freude. Ebenso stellen diese dem Unternehmen Ressourcen zur Verfügung. Das heißt sie leisten einen großen Beitrag für das Unternehmen, dieser Beitrag sollte auch ausreichend belohnt werden. Dies kurbelt die Motivation der Stakeholder wieder an. Also müssten die Interessensgruppen einen Mehrwert bekommen, mindestens einen Gleichwert. Damit wird ihnen gezeigt, dass sie nicht ausgenutzt werden, dass sie wichtig sind, und, dass ohne sie die Existenz des Unternehmens nicht möglich wäre. Da dies eine richtige moralische Handlung ist, maximiert sich der Gesamtnutzen und das Glück jedes einzelnen.

Jedoch haben Anteilseigeno gegenüber den Interessensgruppen auch einige Verpflichtungen, um dem Ansatz des Utilitarismus gerecht zu werden. Zuerst wird mit einem Beispiel begonnen. Die Digitalisierung wird in Unternehmen immer wichtiger, das heißt, die Technik wird mehr und somit auch komplizierter. Die digitalisierte Welt hat Vorteile, jedoch auch Nachteile. Vor allem für die ältere Generation stellt dies häufig ein schwerwiegendes Problem in der Arbeitswelt dar. Angenommen ein Unternehmen kauft neue Elektrogeräte, um mit der Digitalisierung zu gehen. Die jüngeren, technisch affinen, Mitarbeiter freuen sich über die Veränderung. Wohingegen dies die älteren Mitarbeitern vor großen Herausforderungen stellt. Nun werden teilweise Freuden maximiert, nämlich die Freuden der jüngeren Mitarbeiter. Jedoch wird Leider bei der älteren Generation des Unternehmens maximiert und deren Freude zur Arbeit wird weniger. Das heißt hier stehen Unternehmen vor einem Problem, den Utilitarismus gesamt durchzusetzen gegenüber den Interessensgruppen. Die Aufgabe der Anteilseigene ist es somit, sich ausreichend um die älteren überforderten Mitarbeiter zu kümmern, ihnen alles genau zu erklären und ihnen gut zuzureden. Nur wenn dies der Fall ist und diese wieder Glück bei der Arbeit verspüren, war die Handlung, die Digitalisierung in das Unternehmen zu bringen, moralisch korrekt, da die Summe des Wohlergehens aller Betroffenen maximiert wurde.

Zusammenfassend lässt sich der Utilitarismus zwar schon mit dem Stakeholder-Ansatz vereinen, jedoch wird hier das Unternehmen immer vor Herausforderungen gestellt werden.

2. Die Globe-Studie

2.1. Die Darstellung der Hypothese

Globe = Global Leadership and Organizational Behaviour Effectiveness

Diese Studie hat 1991 die Wharton Universität in den USA, vor allem Robert House, begonnen. Bei der Befragung handelte es sich um ungefähr 17.500 Manager aus den Bereichen der Lebensmittelindustrie, der Telekommunikation und des Finanzwesens. Es stellte sich heraus, dass es zehn Kulturkreise aus allen Studien-Mitgliedern gibt, die sich ähnlich sind. Es gab nämlich den Kreis der Nordic, Anglo, Germanic, Latin European, African, Eastern European, Middle Eastern, Confucian, Southeast Asian und Latin American. (Berger/Hagemann/Priebe, 2014, S. 107) „Eine zentrale Untersuchungsfrage von GLOBE war, wie stark individuelle Erwartungen darüber, was herausragende Führung im Unternehmen ausmacht, kulturgeprägt sind und ob Gemeinsamkeiten eines internationalen Führungsideals identifizierbar sind." (Brodbeck, 2016, S. 63) Neben Robert House steuerten weitere fünf Wissenschaftler, die aus unterschiedlichen Kulturkreisen stammten, die Studie. Die Globe-Studie wird in drei Phasen unterteilt. Folgend werden diese dargestellt. (Brodbeck, 2016, S. 62-64)

Phase 1: „Anhand vorliegender theoretischer Erkenntnisse und bestehender Kulturdimensionen wurden insgesamt 9 GLOBE-Dimensionen definiert und in Form von Items und Skalen psychometrisch konstruiert, sodass in späteren GLOBE-Studien anhand empirischer Befunde ihre Zuverlässigkeit (Reliabilität) und Gültigkeit (Validität) getestet werden konnte." (Brodbeck, 2016, S. 64) Man wollte bedeutungsgleiche Aussagen über Eigenschaften der verschiedenen Kulturen ermitteln. Diese wurden anschließend in Messskalen zusammengestellt. Die Items sollten verschiedene Aussagen über die Kultur und die Führung, ebenso über die Verhaltensweisen in Unternehmen, beinhalten. (Brodbeck, 2016, S. 64)

Phase 2: Die Messskalen wurden nun in ca. 60 Ländern eingesetzt, wofür mehrere statistische Auswertungen nötig waren. Nun wurden insgesamt bereits über 17.300 Führungskräfte aus dem mittleren Management befragt. Folglich gelang es den Wissenschaftlern, durch die unterschiedlichen Ebenen der Kultur, die Anteile der Beeinflussung von Führungsvorstellungen zu untersuchen. (Brodbeck, 2016, S. 64-66)

Phase 3: Nun wurde die strategische Unternehmensführung in den Mittelpunkt gestellt. Demnach fragte man sich, inwiefern Gesellschaftskulturen die Erwartungen an Führungskräfte und das Verhalten der Führungskräfte bzw. den Erfolg des Unternehmens beeinflussen können. Deshalb wurde in der dritten Phase der Globe-Studie ausschließlich die höchste Führungsebene, die Unternehmensführung, untersucht. Zuletzt wurde überprüft, ob sich COEs nach den Erwartungen verhielten oder nicht. Ebenso stellte sich heraus, ob dieses Verhalten dann zum unternehmerischen Erfolg führte und sich demnach positiv auf das Unternehmen auswirkt. (Brodbeck, 2016, S. 67-68)

Man unterscheidet neun Kulturdimensionen. Diese sind die Unsicherheitsvermeidung, die Machtdistanz, der institutionelle Kollektivismus, der Gruppen-/Familienbasierte Kollektivismus, die Gleichberechtigung, die Bestimmtheit, die Zukunftsorientierung, die Leistungsorientierung und die Human-Orientierung. Diese werden folgend in einer Tabelle prägnant beschrieben:

▣ Tab. 4.2 Kulturdimensionen nach GLOBE (Praktiken [as is], Werte [should be])	
Leistungsorientierung	Das Ausmaß, in dem Einsatz, persönliche Weiterentwicklung und hervorragende Leistungen gefördert und belohnt werden (Praktiken) bzw. gefördert und belohnt werden sollten (Werte)
Zukunftsorientierung	Das Ausmaß, in dem Verhaltensweisen wie z. B. vorausschauendes Planen, Investieren und Verzicht im Interesse des Wachstums gefördert werden (Praktiken) bzw. eingesetzt werden sollten (Werte)
Bestimmtheit	Das Ausmaß, in dem Nachhaltigkeit, Aggression oder Direktheit bei der Interaktion mit anderen gezeigt wird (Praktiken) bzw. gezeigt werden sollte (Werte)
Gleichberechtigung	Das Ausmaß, in dem Gleichartigkeit von Erwartungen an Männer und Frauen praktiziert wird (Praktiken) bzw. praktiziert werden sollte (Werte)
Gruppenbasierter Kollektivismus	Das Ausmaß, in dem einzelne Personen weniger für sich selbst einstehen (Praktiken) bzw. einstehen sollten (Werte) als für Gruppen
Institutioneller Kollektivismus	Das Ausmaß, in dem die kollektive Verteilung von Gütern und Leistungen durch institutionelle Regeln und Praktiken festgelegt wird (Praktiken) bzw. festgelegt werden sollte (Werte)
Machtdistanz	Das Ausmaß, in dem ungleichmäßige Machtverteilung in der Gesellschaft/Organisation besteht (Praktiken) bzw. bestehen sollte (Werte)
Humanorientierung	Das Ausmaß, in dem Fairness, Altruismus, Großzügigkeit, Fürsorge und Höflichkeit gefördert und belohnt werden (Praktiken) bzw. gefördert und belohnt werden sollten (Werte)
Unsicherheitsvermeidung	Das Ausmaß, in dem traditionelle Verhaltensweisen (wie z. B. Ordnung, Beständigkeit) und soziale Kontrolle (wie z. B. durch detaillierte Vorgaben) auf Kosten von Variation, Innovation und Experimentieren eingesetzt werden (Praktiken) bzw. eingesetzt werden sollten (Werte), um Ambiguitäten, die mit der Unvorhersehbarkeit zukünftiger Ereignisse verbunden sind, abzuschwächen

Abbildung 2: Die Kulturdimensionen nach GLOBE (Brodbeck, 2016, S. 72)

Eben wurde die Globe-Studie beschrieben. Zusammenfassend kann gesagt werden, dass die Hypothese von House das Ziel des Projektes war, nämlich, dass die Kultur Einfluss auf die Effektivität der Führungskräfte und auf die Organisationsstrukturen in Unternehmen nimmt.

2.2.   Die Prüfung des Beweises der Vermutung

Nun wird überprüft, ob diese Hypothese bewiesen wurde, oder nicht. „ Im Rahmen von GLOBE konnte empirisch belegt werden, dass sich die Erwartungen an effektive Führungskräfte zwischen verschiedenen Kulturen unterscheiden und dass sich die betreffenden Unterschiede auf Unterschiede in gesellschaftskulturellen Werten zurückführen lassen." (Brodbeck, 2016, S. 88) Auch spiegeln sich die aus der Studie entwickelten Dimensionen im Management wieder. Die kulturellen Unterschiede der Länder haben demnach auch Auswirkungen auf die interkulturelle Zusammenarbeit. Es entwickelten sich die sechs Führungsdimensionen: charismatisch, teamorientiert, partizipativ, humanorientiert, autonomieorientiert und defensiv. Durch die Studie wurde bewiesen, dass Zusammenhänge zwischen der Kultur einer Gesellschaft und der Wirtschaftsleistung bzw. des Wohlbefindens einer Gesellschaft bestehen. Und dies wiederum zeigt, dass Praktiken einer Gesellschaft Auswirkungen auf die Erwartungen an Führungskräfte haben. Die Ergebnisse bieten wertvolle Hilfestellungen bei Fragen der Unternehmens- und Mitarbeiterführung. (Brodbeck, 2016, S. 88-92)

2.3.   Die Empfehlungen für den erfolgreichen Manager

Im Rahmen der Globe-Studie wurden einige Verhaltensweisen und Eigenschaften mittels der Dimensionen herausgearbeitet, die ein erfolgreicher Manager erfüllen sollte. Ein erfolgreicher Manager sollte ein charismatischer Führer sein. Dies umfasst seine Risikobereitschaft und seine Eigenwilligkeit. Ebenso sollte er selbstaufopfernd, intuitiv, begeistert, logisch, vorausschauend und aufrichtig handeln. Darüber hinaus muss in einer globalisierten Welt teamorientiert gehandelt werden. Das bedeutet, dass ein Manager ein Administrationstalent sein muss, da er die Arbeit einer großen Anzahl an Mitarbeitern plant, organisiert und koordiniert. Auch beinhaltet die Führungsdimension der teamorientierten Führung die Attribute diplomatisch, verlässlich und teamintegrierend. Er sollte gerne mit anderen Menschen kommunizieren wollen und Gruppenmitglieder zur

Zusammenarbeit bewegen können. Auch sollte ein Manager nach dem partizipativen Führungskonzept handeln. Dies beinhaltet Merkmale der Gleichberechtigung. Verschiedene Länder weisen unterschiedliche Führungspraktiken auf. Beispielsweise findet man in Deutschland, in Österreich und der Schweiz dies in der Beziehung zwischen Arbeitgebern und Arbeitnehmern. In den USA sieht man diese Führung beim Umgang zwischen den Führungskräften. (Brodbeck, 2016, S. 137-146) „Humanorientierte Führungskräfte sind bodenständig, bescheiden und abgeneigt gegenüber Prahlereien. Sie sind emphatisch und neigen dazu, den von ihnen Geführten in menschenfreundlicher Weise zu helfen und sie zu fördern, indem sie ihnen Ressourcen und andere Arten von Unterstützung anbieten." (Brodbeck, 2016, S. 147) Auch sollte ein Manager die Fähigkeit aufweisen, autonomieorientiert zu handeln. Das heißt, dass dieser von Individualismus und Unabhängigkeit geprägt ist. Eine defensive Führung ist zugleich eine statusorientierte und selbstbezogene Führung. Diese ist nur sinnvoll bei einer Gesellschaft, denen Machtdistanz und Unsicherheitsvermeidung wichtig ist. Ansonsten ist dieses Merkmal für einen erfolgreichen Manager weniger bedeutend. (Brodbeck, 2016, S. 147-152)

3. Die Unternehmenskultur und die Lernkultur

3.1. Differenzierung der Begriffe unter Einbezug von Scheins 3-Ebenen-Modell und des Lernmodells nach Agyris und Schön

Unternehmenskulturen sind in wirtschaftliche, politische und soziale Kontexte verwickelt, durch diese es auch zu Auseinandersetzungen mit anderen und mit sich selbst kommen kann. Eine genaue Definition des Begriffs Unternehmenskultur gibt es nicht. Die einen sagen, dieser Begriff beschreibt, wie wir alle zusammenarbeiten und somit wie wir miteinander umgehen. Jedoch meinen andere, dass eine Gruppe, in der jeder unterschiedliche Annahmen hat, die Unternehmenskultur festlegt. Dies hilft der Gruppe, sich an ihre Umwelt anzupassen und den Zusammenhalt zu stärken. (Bauschke/Hofmann/Homma, 2014, S. 1-5) Schein definiert die Unternehmenskultur folgend: „Ein Muster gemeinsamer Grundprämissen, das die Gruppe bei der Bewältigung ihrer Probleme externer Anpassung und interner Integration erlernt hat, das sich bewährt hat und somit als bindend gilt; und das daher an neue Mitglieder als rational und emotional

korrekter Ansatz für den Umgang mit Problemen weitergegeben wird."
(Bauschke/Hofmann/Homma, 2014, S. 5)

Demnach wird folgend zu dem 3-Ebenen-Modell von Schein übergegangen:

Dieses Modell beinhaltet sowohl beobachtbare Verhaltensweisen, als auch unsichtbare nicht direkt erkennbare Werte, Normen und Grundannahmen. Das Modell ist in drei hierarchischen Ebenen aufgebaut. Die beobachtbaren Verhaltensweisen werden als Artefakte bezeichnet, die die Merkmale Verhalte, Sprache, Rituale, Umgangsformen, etc. beinhalten. Diese sind zwar sichtbar zu erkennen, jedoch ist oftmals ihre Bedeutung interpretationsbedürftig und erklärungsbedürftig, um Missverständnisse zu vermeiden. Die Werte und Normen sind in der mittleren Ebene des Modells zu erkennen. (Berger/Hagemann/Priebe, 2014, S. 21-23) „Werte sind der Ausdruck der Ziele, die in einer Gesellschaft oder in einer Organisation für wünschenswert gehalten werden." (Blom/Meier, 2002, S. 43) Durch Werte ist es den Menschen möglich zu erkennen, was gut oder was nicht gut ist. „Während Werte vermitteln, was getan werden sollte, zeigen Normen an, wie man sich in konkreten Situationen zu verhalten hat. Normen sind demnach Verhaltensregeln, die die Einhaltung von Werten in der Praxis sicherstellen." (Blom/Meier, 2002; zitiert nach Berger/Hagemann/Priebe, 2014, S. 88) Es handelt sich somit um Gebote, Verbote, Konfliktverhalten, etc. Auf der dritten untersten Ebene des 3-Ebenen-Modells befinden sich die unsichtbaren oft unbewussten Grundannahmen, wenn es um das Menschenbild, den Sinn des Lebens, um die Arbeit, die Umwelt, etc. geht. Hierbei werden grundlegende Vorstellungen bezeichnet, wenn es um die Beziehung zueinander geht. Diese empfinden Mitarbeiter oft als selbstverständlich, deshalb werden sie oft als unbewusst bezeichnet. (Berger/Hagemann/Priebe, 2014, S. 22-23)

Demnach wird deutlich, dass grundlegende Annahmen über den Menschen die Organisationskultur bilden. Es gibt vier Aspekte von Annahmen: die Beziehung zur Umwelt, die Natur der Wirklichkeit, die Natur der menschlichen Tätigkeit und die Natur der menschlichen Beziehungen. Diese werden von den Grundannahmen beeinflusst und werden von den Menschen als selbstverständlich gesehen. (Blicke/Nerdinger/Schaper, 2019, S. 172-173)

Als nächstes wird näher auf die Lernkultur eingegangen mit Einbezug des Lernmodells von Agyris und Schön.

Durch individuelle Weiterbildungen können sich Mitarbeiter eines Unternehmens neues Wissen aneignen. Lernkulturen entstehen durch Kommunikation innerhalb der Mitarbeiter.

Abbildung 2: https://www.avendoo.de/lernkultur-im-unternehmen-lebenslanges-lernen-als-chance/ (aufgerufen am 06.08.2020)

Wie dem vorliegendem Kreislauf der Lernkultur in Unternehmen zu entnehmen, gibt es vier Komponente: Mitarbeiter, Unternehmen, Trainer und Technologie. Das Unternehmen hat bestimmte Ziele für seine Mitarbeiter. Um diese umsetzen zu können, gibt es verantwortliche Trainer. Diese sind für die Aus- und Weiterbildung zuständig. Sie leisten auch einen großen Teil zur Bildung der Lernkultur, da die Verbesserungen des Wissens als Chance gesehen werden kann. Ebenso werden neue Technologien benötigt, um die Lernkultur zu verwirklichen. Hierzu gehören Lernplattformen, die die Mitarbeiter zum Lernen benutzen können. Auch haben Mitarbeiter eines Unternehmens bestimmte Wünsche, weshalb sie auch ausschlaggebend für das Thema Lernen sind.

Nach Agyris und Schön wird dieses organisationale Lernen auf drei Ebene unterteilt. Nun werden diese Ebenen dargestellt und erklärt. Das Single-Loop-Learning ist ein „[…] Prozess, der das Unternehmen befähigt, die gegenwärtige strategische Ausrichtung beizubehalten und die gesetzten Ziele zu erreichen. Dabei lernen die Organisationsmitglieder mit der Zeit, auf interne und externe Veränderungen zu reagieren und Fehler und Abweichungen zu entdecken und so zu korrigieren, dass der bisherige Ablauf beibehalten werden kann." (Berger/Hagemann/Priebe, 2014, S. 75) Demnach sind es kleine Prozesse, die nötig sind, um Abweichungen vom Soll-Ist-Zustand wieder zum ursprünglichen Zustand zurückzuführen. Hierfür wird beispielsweise kein neues Produkt entworfen, es werden nur Fehler korrigiert. Diese kleinen Schritte sind verantwortlich dafür, dass eine Organisation im Lernen vorankommt. Die nächste Ebene ist das Double-Loop-Learning. Hierbei werden die Handlungen geändert und neu ausgerichtet, da sich Probleme nicht herkömmlich lösen lassen. Es wird demnach der Fehler eines Produktes nicht nur korrigiert, sondern sogar neu entwickelt. Diesen Prozess nennt man die strategische Kontrolle. Wenn es darum geht das Lernen zu lernen, gelangt man zum Prozess des Deutero-Learning. Es werden nicht nur die Probleme auf herkömmlicher Art und Weise gelöst. Es werden Strategien entwickelt, mit denen man effizienter zur Lösung des Problems kommt. Unternehmen ermöglicht diese Ebene von Agyris und Schön, dass die Lernfähigkeit der Mitarbeiter stetig verbessert wird, um schneller und besser auf Probleme reagieren zu können. (Berger/Hagemann/Priebe, 2014, S. 75)

Die Grundannahmen von Scheins 3-Ebenen-Modell müssen über die Zeit gelernt werden und folglich verinnerlicht. Jedoch ist auch die mittlere Ebene, also die Werte und Normen, zu Beginn für einen Menschen zu erlernen, die dann im Laufe der Zeit selbstverständlich ist. Somit spiegelt sich hier das stetige Lernen wieder. Ebenso lassen sich kleine Abweichungen der Werte und Normen neu erlernen. Jedoch ist die Unternehmenskultur relativ stabil und lässt sich nur schwer ändern, da die Mitarbeiter verankert auf diese Art der Organisation sind. Durch die Lernkultur wird ein Unternehmen zu einer lernenden Organisation. Diese Organisation ist gekennzeichnet durch das hohe Niveau der Arbeitsleistung und der fachlichen Kompetenzen und dadurch werden Verhaltensweisen und Artefake verbessert. Das Unternehmen erhält Auszeichnungen für die hervorragende Leistung und pflegt ein gutes Statussymbol. Dies ist nur durch gute Bildung und stetigem Lernen der Mitarbeiter möglich. Ebenso eine Gemeinsamkeit zwischen Unternehmens- und Lernkultur ist, dass verschiedene Lernsubjekte miteinbezogen werden, somit ist das Unternehmen, also die Organisation selbst ein wichtiges Subjekt in der Lernkultur. Jedoch werden sich einige Grundannahmen des Menschen nie ändern. Hierzu gehören das Menschenbild, der Sinn des Lebens, der Glaube und die Grundannahmen zur Gesellschaft. Jeder Mensch hat eine gewisse Meinung über das Leben und die Grundannahmen und diese vertritt er meist sein Leben lang. Eventuell werden, wie auch die Werte und Normen, diese im Laufe des Lebens aufgrund verschiedener Einflüsse ein wenig abgeändert, wie das Single-Loop-Learning beschreit, jedoch selten vollkommen verändert, wie beim Deutero-Learning nach Agyris und Schön.

3.2. Die Enkulturation

3.2.1. Die Einordnung des Begriffs

Der Begriff Enkulturation bedeutet das grundlegende Lernen einer Kultur. Demnach wird ein Mensch in eine Kultur eingegliedert. Auch bedeutet dies, dass man sich die Kultur unbewusst oder bewusst aneignet und akzeptiert. Der Begriff bezieht sich auf das Individuum, das gültige Regeln, Verhaltensweisen und Einstellungen übernimmt. Dies geschieht durch das automatische Hineinwachsen bereits als Kind in die Kultur, in dessen Normen und Werte. (Arnold/Eyseneck/Meili, 1971, S. 482) Hauptsächlich wird damit das Erlernen einer bestimmten Sprache gemeint. Auch bewirkt die Enkulturation die Aktivierung kultureller Produktivität und Kreativität, wodurch neue kulturelle Gebilde geschaffen werden könnten. (Raithel/Dollingen/Hörmann, 2009, S. 59)

Demnach lässt sich der Begriff Enkulturation in das 3-Ebenen-Modell von Schein einordnen, da es auch von Werte und Normen handelt, die sich in der mittleren Ebene des Modells befinden. Der Mensch weiß dadurch, wie er sich zu verhalten hat. Ebenso lässt er sich in die dritte Ebene, die der Artefake und Verhaltensweisen, einordnen, da sich die Sprache und Rituale im Laufe der Entwicklung eines Menschen wichtig sind. Ebenso sieht man die Parallelen in die von Kind auf erlernten Umgangsformen. Somit lässt sich der Begriff der Enkulturation sehr gut in die Unternehmenskultur, besonders in das 3-Ebenen-Modell, einordnen. Auch spiegelt es die Prinzipien der Lernkultur wieder. Dadurch, dass der Mensch im Laufe seines Lebens stetig dazu lernt, entwickelt sich daraus seine eigene Identität. Auch wird die Kreativität und Produktivität entwickelt. Diese Merkmale können in die Ebene Double-Loop-Learning von Agyris und Schön eingeordnet werden, da Probleme nicht nur auf die herkömmliche Art gelöst werden, sondern auch durch kreatives Denken und Handeln die Lernfähigkeit von Mitarbeitern eines Unternehmens stetig verbessert wird.

3.2.2. Der Unterschied zur Sozialisation

Allgemein versteht man unter dem Begriff Sozialisation den Prozess, in dem sich die Persönlichkeit des einzelnen Menschen entwickelt. Mit Sozialisation wird das Sozialwesen in einem milieuspezifischen Zusammenhang gesetzt. Auch bildet es einen Teilbereich der Enkulturation, in diesem Werte und Normen erlernt werden. (Raithel/Dollingen/Hörmann, 2009, S. 60) Auch wird damit ein Entwicklungsprozess beschrieben, in dem der Mensch seine soziale Rolle erlernt, wodurch die Reproduktion der Gesellschaft gesichert wird. Von diesem Prozess profitiert auch der einzelne Mensch, da sich die eigene Identität und die jeweiligen Bedürfnisse entwickeln. Demnach ist Sozialisation ein Lernprozess, der sich durch das ganze Leben zieht. (Kramkowski, 2009, S. 7-8)

Zusammengefasst wird Sozialisation und Enkulturation folgend unterschieden: „Durch die Sozialisation formt das Individuum seine Persönlichkeitsmerkmale aus und erlernt soziales Verhalten und gesellschaftlich verbundene Normen, die seine Handlungsfähigkeit begründen. Enkulturation steht der Sozialisation nahe, bezeichnet einen Prozess der Ein- und Anpassung des Menschen in eine Kultur mit ihrer Sprache, Mimik, Gestik, Körpertechniken, Sitten, Bräuche sowie Institutionen." (Sauberzweig, 2007, S. 6)

3.2.3. Darstellung der Rolle von Werten und kultureller Praktiken

Werte und kulturelle Praktiken spielen in diesem Kontext eine entscheidende Rolle, da bei der Sozialisation der Mensch sich durch seine Persönlichkeit dafür entscheidet, welche Werte und kulturelle Praktiken er vertritt und ausübt. Aufgrund seiner Werte, die ihm wichtig sind, können Handlungen, die er in der Gesellschaft durchführt, begründet werden, da diese wegen seiner Vorstellungen getan werden. Auch wird in Bezug auf die Enkulturation ersichtlich, dass der Mensch in eine bestimmte Kultur hineingeboren wurde, wodurch er eine bestimmte Sprache spricht, etc. In diesem Fall sind dies die kulturellen Praktiken. Dadurch, dass mehrere Menschen diese Vorstellungen und Werte vertreten, bildet sich eine Gemeinschaft mit denselben Bräuchen, die eine Institution bildet.

Literaturverzeichnis

Arenberg, P./Bauer, T. (2018), Wirtschaftsethik, 1. Auflage, Studienbrief der SRH Fernhochschule, Riedlingen.

Arnold, W./Eyseneck, H.J./Meili, R. (1971). Lexikon der Psychologie. Freiburg im Breisgau: Verlag Herder KG.

Bauschke, R./Hofmann, M./Homma, N. (2014). Einführung Unternehmensführung. Springer Gabler.

Berger, T./Hagemann, K./Priebe, M. (2014), Unternehmenskultur und interkulturelles Management, 1. Auflage, Studienbrief der SRH Fernhochschule, Riedlingen.

Bittner-Fesseler, A./Häfelinger, M. (2018). Kommunikation für junge Unternehmen. Springer Gabler.

Blickle, G./Friedmann W./Schaper, N. (2019). Arbeits- und Organisationspsychologie (4. Auflage). Springer-Verlag GmbH Deutschland.

Blom, H./Meier, H. (2002). Interkulturelles Management. Verlag Neue Wirtschafts-Briefe.

Brodbeck, F. (2016). Internationale Führung. Springer-Verlag Berlin Heidelberg.

Dollingen, B./Raithel, J./Hörmann, G. (2009). Einführung Pädagogik. VS Verlag für Sozialwissenschaften.

Kramkowski, S. (2009). Unterschiede in der Sozialisation zwischen ein- und zweisprachig Aufgewachsenen (1. Auflage). GRIN Verlag.

Märk, S./Situm, M. (2018). Familienunternehmen und ihre Stakeholder. Springer Gabler.

Von Sauberzweig, T. (2007). Laufbahnberatung im Kontext der Positiven Psychologie (1. Auflage). GRIN Verlag.

BEI GRIN MACHT SICH IHR
WISSEN BEZAHLT

- Wir veröffentlichen Ihre Hausarbeit,
  Bachelor- und Masterarbeit

- Ihr eigenes eBook und Buch -
  weltweit in allen wichtigen Shops

- Verdienen Sie an jedem Verkauf

Jetzt bei www.GRIN.com hochladen und kostenlos publizieren